Lire et découvrir

Les glaciers

Melvin et Gilda Berger

Texte français d'Alexandra Martin-Roche

Éditions
SCHOLASTIC

Photographies : Couverture : Dr Eckart Pott/Bruce Coleman Inc.; p. 1 : Keith Gunnar/ Bruce Coleman Inc.;
p. 3 : M. Timothy O'Keefe/Bruce Coleman Inc.; p. 4 : Keith Gunnar/Bruce Coleman Inc.;
p. 5 : Hans Reinhard/Bruce Coleman Inc.; p. 6 : Hans Reinhard/Bruce Coleman Inc.;
p. 7 : Claudia Adams/Dembinsky Photo Assoc.; p. 8 : Keith Gunnar/Bruce Coleman Inc.;
p. 9 : Jerry L. Hout/Bruce Coleman Inc.; p. 10 : John Swedberg/Bruce Coleman Inc.;
p. 11 : D. Allan/Photo Researchers, Inc.; p. 12 : Tui De Roy/Bruce Coleman Inc.;
p. 13 : J. Messerschmidt/Bruce Coleman Inc.; p. 14 : E. R. Degginger/Bruce Coleman Inc.;
p. 15 : George Holton/Photo Researchers, Inc.; p. 16 : Keith Gunnar/Bruce Coleman Inc.

Recherche de photos : Sarah Longacre

Catalogage avant publication de Bibliothèque et Archives Canada

Berger, Melvin
Les glaciers / Melvin et Gilda Berger; texte français d'Alexandra Martin-Roche.

(Lire et découvrir)
Traduction de : Glaciers.
Pour les 4-6 ans.
ISBN 978-0-545-99179-7

1. Glaciers--Ouvrages pour la jeunesse. I. Berger, Gilda
II. Martin-Roche, Alexandra III. Titre. IV. Collection.
GB2403.8.B4714 2008   j551.31'2   C2008-902260-2

5 4 3 2 1   Imprimé au Canada   08 09 10 11 12

Les glaciers sont superbes!

Un glacier se forme par l'accumulation de la neige.

Info-glaciers

Les glaciers sont des fleuves
de glace.

Puis la neige se transforme
en glace.

Les glaciers glissent le long
des montagnes.

Les glaciers glissent sur
la terre plate.

Les glaciers poussent les roches.

Les glaciers poussent la terre.

Les glaciers se fendent.

Les fentes peuvent être
très profondes.

Les glaciers fondent.

L'eau forme ensuite un lac.

Des morceaux de glacier
se détachent.

Info-glaciers

Un iceberg peut mesurer plusieurs kilomètres de long.

Ces morceaux de glace deviennent des icebergs.

Vois-tu le glacier?